COMERCIO DE BITCOIN Y CRIPTODIVISAS PARA PRINCIPIANTES 2021

Definiciones básicas, bolsas de criptodivisas, indicadores y consejos prácticos para el trading

Warren Larsen

Comercio De Bitcoin Y Criptodivisas Para Principiantes 2021:

Definiciones básicas, bolsas de criptodivisas, indicadores y consejos prácticos para el trading

Escrito por WARREN LARSEN.

Errores y comentarios

Contacte con nosotros si encuentra algún error

CONTENIDO

INTRODUCCIÓN

En los últimos años se ha producido una auténtica revolución en el mundo digital: las criptodivisas. La historia de las criptodivisas es relativamente corta, ya que sus orígenes se remontan solo a la segunda mitad de los años 90. Ya en 1998, Wi Dai publicó lo que se llamó "B-Money": un sistema de dinero electrónico anónimo y distribuido. Seguidamente, Nick Szabo creó "Bit Gold". Al igual que Bitcoin y otras criptodivisas que seguirían a la tecnología, Bit Gold era un sistema de criptodivisa electrónica que requería que los usuarios completaran el esquema de prueba de trabajo. Sin embargo, todavía eran los albores de las criptodivisas. En 2008, se creó la primera criptodivisa descentralizada: Bitcoin (ForexItalia24, 2017). Bitcoin es un protocolo de comunicación en línea que facilita el uso de una moneda virtual, incluyendo los pagos electrónicos. Desde su creación en 2009 por un grupo de desarrolladores anónimos conocidos como Satoshi Nakamoto, Bitcoin ha ejecutado más de 300 millones de transacciones y ha experimentado un crecimiento espectacular. Este desarrollo ha interesado y posteriormente atraído la atención de muchas personas, convirtiéndose en oportunidades para obtener enormes beneficios. Estas son las condiciones que hicieron famoso a Bitcoin y que permitieron la evolución de todo el sistema. Las criptodivisas han adquirido además un componente viral al introducir una especie de "caza del oro" gracias a su difusión en las redes sociales y en los medios de comunicación más importantes. Existen muchas empresas americanas que explotan esta viralidad, dando lugar a un fenómeno singular. Muchas de ellas al cambiar su nombre, incorporando al mismo un término relacionado con el mundo de las criptodivisas, percibieron un enorme crecimiento en su cotización en bolsa. Es célebre el caso de la empresa de té estadounidense que al transformar el nombre de la compañía de "The Long Island Iced Tea" a "Long Blockchain Corp" percibió un crecimiento instantáneo de sus acciones equivalente al 200%.

A diferencia del mercado de valores tradicional, este mercado aún no está regulado. No hay entidades centrales ni sistemas financieros complicados, y el valor de cada moneda está estrechamente vinculado a la oferta y la demanda. Este sistema ha mostrado un alto grado de volatilidad y precios no estacionarios.

1.

¿QUÉ ES EL BLOCKCHAIN?

E l blockchain, sencillamente, no es más que una base de datos distribuida. Desde Wikipedia, obtenemos una definición fácil de entender de lo que es una base de datos "un archivo de datos estructurado para racionalizar la gestión y la actualización de la información, y para permitir la realización de búsquedas complejas". Así, traduciendo esta definición a un lenguaje fácilmente comprensible para todos, hablamos de un espacio virtual en el que es posible almacenar todo tipo de información.

Sin embargo, hemos dicho que un blockchain no es simplemente una base de datos, sino una base de datos distribuida. Esto significa que una copia de la información almacenada en esta base de datos se mantiene en cada uno de los ordenadores que forman parte de la red. Pero si una cadena de bloques no es más que una base de datos, ¿qué hace que esta tecnología sea tan revolucionaria? Pues es muy sencillo, lo que hace que esta tecnología sea tan innovadora es el hecho de que, a diferencia de cualquier otra base de datos, el blockchain está sustancialmente blindado. Todo el mundo sabe que cualquier infraestructura informática puede ser hackeada, por muchas medidas de seguridad que tenga. Cuando una base de datos es accesible a través de la web, puede ser hackeada.

Entenderemos mejor en el transcurso de los próximos capítulos por qué esta infraestructura no puede ser corrompida de ninguna manera; por ahora, solo vamos a familiarizarnos con el hecho de que una blockchain es básicamente una base de datos distribuida y blindada. Así pues, el hecho de que este archivo de datos sea "distribuido" nos permite empezar a familiarizarnos también con el concepto de "descentralización". Normalmente, las bases de datos están "centralizadas"; es decir, son propiedad de una empresa o institución que se encarga de actualizarlas, de hacerlas accesibles a las personas que puedan necesitar consultarlas y de poner todas las medidas de seguridad necesarias no solo para evitar el robo de información, sino también para evitar que los datos almacenados en esa infraestructura sean manipulados y corrompidos.

Sin embargo, como hemos dicho que el blockchain es una base de datos distribuida, entendemos que no hay un organismo "central" que se ocupe de hacer todas estas cosas, sino que todos los ordenadores de la red participan colectivamente en estos procesos. Resumiendo un poco, podemos decir que hay tres tipos de redes: las "redes centralizadas" (a menudo también llamadas "estrellas") en las que los datos se transmiten desde un punto central a todos los usuarios, las "redes descentralizadas" en las que empezamos a tener nodos centrales que transmiten información entre ellos sin una jerarquía precisa, y las "redes distribuidas", en las que todos los nodos están en comunicación entre sí sin que haya una jerarquía definida.

Entendiendo estos primeros conceptos, ya tenemos una forma de entender por qué la tecnología blockchain es comúnmente considerada como la mayor innovación tecnológica después de la llegada de internet, ya que por primera vez tenemos a nuestra disposición una base de datos perfectamente segura sin necesidad de un organismo central que la gestione y garantice su seguridad.

CÓMO FUNCIONA EL BLOCKCHAIN

En la sección anterior, hemos explicado que una cadena de bloques es una base de datos distribuida. Aquí trataremos de explicar cómo funciona. Para que sea más fácil entenderlo todo, tenemos que poner un ejemplo concreto del caso de uso más típico de esta tecnología: la transferencia de valor (o dinero) de un usuario a otro. El método al que la mayoría estamos acostumbrados para transferir dinero de una persona a otra es el de las transferencias bancarias; lo que ocurre, muy sencillamente, es que cada banco lleva unos registros en los que informa del saldo total de cada titular de la cuenta y de los movimientos realizados desde y hacia esa cuenta concreta.

Cuando hago una transferencia (digamos 100 euros) desde mi cuenta a la de otra persona, mi banco hace un seguimiento del movimiento y marca en su registro una operación por un importe igual a -100 euros de mi cuenta, luego descuenta esta suma de mi saldo total y envía el dinero al banco del destinatario.

Éste, a su vez, hará lo mismo marcando (pero esta vez en su registro) un movimiento de + 100 euros y sumándolo al saldo total del titular de la cuenta corriente beneficiaria de la transferencia. Con un blockchain ocurre exactamente lo mismo, con la diferencia de que el registro no lo tiene un banco, sino que (como hemos ilustrado en el capítulo anterior) todos los ordenadores que participan en la red tienen una copia de este documento; por ejemplo, cuando yo envío un Bitcoin (BTC) a una persona, todos los ordenadores que participan en la red marcan el movimiento en el registro y descuentan 1 BTC de mi cuenta y, al mismo tiempo, suman la misma cantidad en beneficio del receptor. En este punto, la primera cuestión que se plantea es que, dado que el registro no solo es compartido por todos los ordenadores de la red, sino que además es público (es decir, es accesible a todo el mundo en consulta a través de unos sitios especiales llamados "exploradores"), cualquiera podría tener acceso al manejo de mi cuenta, perjudicando así mi privacidad. En realidad, las cuentas (o "direcciones") no son atribuibles a un nombre y un apellido (es decir, a una persona física), sino que son "cadenas" compuestas por un mínimo de 26 a un máximo de 35 caracteres alfanuméricos.

Por esta razón, se dice que las transacciones de bitcoin son anónimas. A decir verdad, el bitcoin no es anónimo, sino "pseudoanónimo". Esto significa que, aunque las direcciones (las que llamamos "cuentas corrientes" en el banco) no están registradas a nombre de personas físicas reales, sigue siendo posible (aunque no fácil) seguir los rastros informáticos que estas transacciones dejan en la red hasta el usuario (es decir, el punto en el que el usuario se conectó a internet o el dispositivo con el que se conectó) y definir así la identidad de la persona física que controla esa dirección concreta.

Volvamos a nuestra transferencia de dinero e introduzcamos otra diferencia relevante respecto a lo que ocurre en el sistema bancario; mientras que cuando muevo mi dinero a través de un banco éste traza inmediatamente cada transacción y hace lo mismo con cualquier otro movimiento, en una blockchain las operaciones realizadas por los distintos usuarios se "fusionan" y se insertan en bloques. A fin de entender qué es un bloque, podemos imaginarlo como una caja que contiene la información (dirección del remitente, cantidad manejada, dirección del destinatario) relativa a todas las transacciones "ordenadas" por los usuarios en la unidad de tiempo. Con Bitcoin, por ejemplo, se genera un bloque cada 10 minutos.

Las cadenas de bloques son muy similares a la realización de un inventario de bienes físicos. Cuando hacemos un inventario, todo lo que hacemos es tomar todos los bienes que tenemos en stock, ponerlos dentro de unas cajas (numeradas en orden ascendente), anotando el contenido de cada caja individual en un registro. Ordenando cuidadosamente las diferentes cajas, una vez terminado el inventario, tendremos también un "mapa" en papel que ilustra dónde se encuentra cada artículo en el almacén. Si imaginamos el inventario de un restaurante que está cerrando su negocio, por ejemplo, nos encontramos con todos los utensilios de cocina (cuchillos, cubiertos, platos, ollas, vasos, etc.), guardados en un almacén y colocados dentro de cajas. Puesto que las cajas están numeradas y he anotado el contenido de cada caja en el registro, cuando necesite, por ejemplo, el escurridor, consultando el registro podría saber su ubicación exacta. Una cadena de bloques, por tanto, puede considerarse como el inventario de todas las transacciones realizadas. En la práctica, no es más que un enorme registro que recoge la huella de todos los bloques ejecutados por la red desde su nacimiento.

Mientras lees este texto, por ejemplo, la red está procesando un nuevo bloque y lo añade al registro de todos los bloques procesados a lo largo del tiempo. El término "blockchain" traducido al italiano significa de hecho "cadena de bloques" y da una buena idea de cómo funciona todo este proceso; cada bloque registrado en la blockchain está vinculado (como el eslabón de una cadena) al anterior.

Este aspecto es fundamental para entender por qué esta tecnología es tan fiable. Si un atacante intentara manipular la información contenida en uno de los bloques ya procesados por la red, esta modificación provocaría una serie de anomalías en la cadena de todos los bloques. Los demás ordenadores de la red, al encontrarse con un documento diferente al que tenían a su disposición, serían capaces de definir la naturaleza malévola de la operación, bloqueándola al instante. Sin embargo, los ordenadores que forman parte de la red no se limitan a transcribir las transacciones presentes en un bloque de la cadena de bloques, sino que también las validan. Cuando el bloque es validado por la red, ya no puede ser modificado. La blockchain, por tanto, no solo es un registro (o base de datos) blindado y distribuido, sino que además es inmutable.

Detengámonos un momento para resumir los conceptos expresados hasta ahora. Cuando un usuario quiere transferir dinero a otro, lo que hace es enviar la suma desde su dirección a la del destinatario. La información de esta única transacción se introduce dentro de un bloque junto con la información relativa a todas las transacciones ordenadas en los últimos diez minutos. Posteriormente, la red se hace cargo del bloque, lo procesa, lo valida y lo transcribe en la cadena de bloques.

A partir de ese momento, la información contenida en el bloque se vuelve inmutable y ya no puede ser modificada. Fácil, ¿verdad? Pues bien, a continuación, ilustraremos cómo la red valida y procesa los bloques, y tendremos la oportunidad de entender por qué los nodos que forman parte de esta red no pueden manipular de ninguna manera la información contenida en el bloque que están procesando. Dicho de otro modo, definiremos quiénes son los mineros, qué tipo de papel tienen y por qué son tan importantes en el funcionamiento de una blockchain.

2.

¿QUÉ SON LAS CRIPTODIVISAS?

Tras definir qué es un blockchain, en qué se diferencia de la tecnología DLT, cómo funciona el proceso de validación de un bloque y en qué consisten algunos de los protocolos de consenso más comunes que representan el corazón de cualquier base de datos distribuida, avancemos hacia algo más estricto que las criptodivisas. Sin embargo, trataremos de hacerlo no solo desde un punto de vista puramente técnico, sino también desde un punto de vista filosófico, interrogándonos sobre conceptos como "valor" y "dinero".

Establezcamos que la definición de criptodivisa no es algo que se pueda dar por sentado; aunque Bitcoin existe desde hace diez años, y ha dado vida a un verdadero ecosistema a su alrededor, todavía no hemos podido encontrar una definición comúnmente compartida de lo que es una criptomoneda.

Basta con darse una vuelta por la red para comprobar cómo cada uno de los protagonistas de este mundo (los principales desarrolladores, profesores universitarios, CEOs de empresas que operan en este sector, etc.) ha tenido la oportunidad a lo largo del tiempo de aportar su propia definición personal de esta palabra, sin que haya surgido aquella capaz de poner a todos de acuerdo.

En consecuencia, lo que voy a hacer es dar mi definición de lo que es una criptomoneda, teniendo cuidado, sin embargo, de advertir al lector que lo que va a seguir no es la definición singular de lo que son las criptodivisas. Así pues, tras unos años de reflexión, he llegado a definir una criptodivisa como "una unidad de datos cuyo origen es posible establecer con certeza, quién la posee y a la que es posible atribuir un valor convencionalmente aceptado por cualquiera".

Para entender bien de qué estamos hablando, será necesario poner ejemplos concretos; ya hemos mencionado cómo es posible seguir cada una de las transacciones de BTC a través de sitios web (exploradores.) Si buscamos "explorador bitcoin" en Google, uno de los primeros resultados es el sitio "blockchain.com", que nos muestra una pantalla que enumera la sucesión de los últimos bloques validados. Haciendo clic en cualquier bloque, por tanto, podemos ver información como el número de transacciones que contiene, el número progresivo que identifica al bloque (es decir, la altura del propio bloque) y el valor total de las transacciones que contiene.

Lo que nos interesa destacar es que cada bloque tiene un peso, el peso máximo, pero sería mejor hablar de "tamaño máximo". En general, un bloque de BTC (por poner un ejemplo) tiene 1MB. Dentro de cada bloque, encontramos los datos relativos a cada transacción. Entre los datos de los que disponemos, tenemos el bloque dentro del cual fue validado, el número de confirmaciones recibidas, la marca de tiempo, el peso, el tamaño y mucho más.

¿Por qué escribo todo esto? Pues porque en el blockchain vamos a archivar datos, y esos datos pueden ser cualquier cosa. Puede ser, por ejemplo, el historial médico de un paciente, el derecho de propiedad de un coche, o cualquier otra cosa que se nos ocurra. Actualmente, si tomamos el ejemplo de BTC, los datos que elegimos para registrar en la blockchain son transacciones.

Un blockchain, en otras palabras, no es otra cosa que un libro que cuenta una historia. Más precisamente, la historia que cuenta es la de la sucesión cronológica de todas las transacciones procesadas y validadas por la red. Si quisiera crear un registro de coches matriculados utilizando una cadena de bloques a la que estuviera vinculada una criptomoneda, podría hacerlo fácilmente hoy en día. En la práctica, tendríamos una moneda que corresponde a la propiedad de un coche concreto, y en esa moneda escribiríamos todos los datos del coche (marca, modelo, año de matriculación, etc.) y los datos del propietario (año de compra, precio de compra, nombre, etc.). El día en que el coche se vendiera a un nuevo propietario, éste recibiría también la criptodivisa correspondiente a la que se añadiría la suya.

Lo que tenemos que hacer, por lo tanto, es dejar de imaginar una criptodivisa como un billete de dólar, y empezar a imaginarla en cambio como una pequeña caja; en esa pequeña caja se puede poner cualquier tipo de información, y en ese momento también se puede intercambiar la información con un tercero y atribuirle un valor. Si hablamos de BTC, cada moneda es como una pequeña caja que contiene información, por lo que la pregunta en este punto es: ¿cuál es la información que intercambiamos cuando negociamos un BTC? La información que intercambiamos es la más esencial de todas, el derecho de propiedad sobre esa caja que intercambiamos. Cuando envío un Bitcoin desde mi dirección a la de otra persona, la información que se almacena en la blockchain es que esa moneda (no otra, ni ninguna de las que están en circulación, sino exactamente esa moneda) deja de ser propiedad de mi dirección y pasa a serlo de una nueva dirección. ¿Cómo podemos estar seguros de la propiedad única de la moneda? Porque tenemos su clave privada. Trataremos este concepto, y otros igualmente importantes, en los siguientes capítulos.

3.

HISTORIA DEL BITCOIN

En el capítulo anterior, tuvimos la oportunidad de insinuar cómo, a lo largo de los años, Bitcoin ha comenzado a construir una especie de "estándar" comparable al del oro, de modo que cada vez que la economía de un estado comienza a mostrar signos de debilidad podemos ver un aumento en los volúmenes de comercio de criptodivisas en ese país en particular. Se trata de un rasgo que ha caracterizado a Bitcoin desde su creación.

Fue en 2008 cuando un actor anónimo hizo su aparición, proponiendo una moneda global apoyada por una red P2P en conjunto. En cierto modo, esto fue una respuesta a los escándalos bancarios que se ganaron el honor de las noticias al sucederse uno tras otro y que representaban esencialmente el comienzo de la gran crisis económica que infectaría las economías del resto del mundo. Esta persona, cuya verdadera identidad aún se desconoce más de diez años después, pasará a la historia bajo el seudónimo de Satoshi Nakamoto.

Más concretamente, Satoshi hace su aparición en noviembre de 2008 publicando en "The Cryptography mailing list" (en el sitio "Metzdowd.Com") un documento relativo al protocolo de consentimiento que permitirá el funcionamiento de Bitcoin; unos meses después, se distribuiría la primera versión del software y otros desarrolladores comenzarían a trabajar en él. Poco más de un año después del nacimiento de Bitcoin (en 2010) Satoshi se retira de la comunidad, su último mensaje público data de 2011 y sirve para comunicar el traspaso con Gavin Andresen.

Esto es quizás lo más extraño de esta tecnología, que la persona que básicamente la inventó haya podido no solo permanecer en el anonimato todo este tiempo, sino que incluso haya decidido salir completamente de la escena. Tras menos de dos años de haber dado vida a su creación, Satoshi Nakamoto desapareció, pero su legado vivirá en todos los cursos universitarios en los que se hable de criptodivisas y blockchain.

Lo importante es entender, cuando pensamos en Satoshi, que estamos hablando de una de las mentes más brillantes de este siglo. La matemática que sustenta a Bitcoin y permite su funcionamiento se considera comúnmente tan avanzada que muchos han llegado a sostener que detrás del seudónimo de Satoshi Nakamoto no hay una sola persona sino un equipo de hackers con habilidades muy sólidas.

En el documental de Netflix Banking on Bitcoin (2016) podemos encontrar una de las reconstrucciones más plausibles de cómo fueron las cosas. La creación de bitcoin debió ser uno de los mayores exponentes del movimiento cypherpunk, por lo que inevitablemente uno o varios entre Nick Szabo, Hal Finney, Adam Back y Wei Dai. El cypherpunk, del que probablemente casi nadie ha oído hablar en nuestro país, si no es que algunos "entusiastas", fue un movimiento contracultural formado de manera informal por personas interesadas en la privacidad que pretendía conseguir la libertad individual mediante el uso de la encriptación. El planteamiento ideológico que han tenido siempre estos grupos ha sido de carácter libertario, oscilando entre el anarquismo social, el anarco-individualismo y el anarcocapitalismo.

Incluso hoy, en 2018, el componente anarquista en el mundo de las criptodivisas es claramente reconocible, a pesar de que en este mundo también hay grandes bancos, instituciones nacionales, empresarios y gente de a pie que de alguna manera se puede definir menos anarquista. En cualquier caso, esta tecnología tiene sus raíces en un humus cultural (el anarquista) que sigue siendo el hilo conductor a lo largo de más de una década de desarrollo tecnológico. Pero volvamos a la identidad de Satoshi, "Banking on Bitcoin" reconstruye quién puede ser lo que a mí (y a muchos otros) nos parece muy probable; detrás del seudónimo de Satoshi Nakamoto estaría Hal Finney (uno de los principales exponentes del cypherpunk made in USA), que enfermó de ELA en 2011 y murió en 2014 a los 58 años.

También hubo un tiempo en el que el empresario australiano Craig Steven Wright parecía ser el verdadero Satoshi, pero pronto esto también fue descartado. Llegados a este punto, algunos podrían decir que obviamente Satoshi ya ha desaparecido, que se ha hecho rico, que habrá convertido todos sus Bitcoins en dólares y que pasará el resto de sus días bebiendo Cuba libre en las Maldivas; en realidad, se conocen las direcciones que poseía Satoshi, y estas direcciones están bloqueadas por cientos de Bitcoins que no se han movido durante años. Esto es lo que nos lleva a sospechar que Satoshi puede ser el propio Hal Finney (que falleció en 2014), ya que hubo un momento, cuando los precios de Bitcoin subieron a 20.000 dólares, en el que incluso solo 100BTC habían alcanzado un valor de 2 millones de dólares (y más de 100BTC están bloqueados en las direcciones de Satoshi en general); el hecho de que todo este dinero haya estado atascado en sus respectivas direcciones todos estos años sin ser movido nunca sugiere la idea de que el propietario de esos Bitcoins (es decir, Satoshi) simplemente falleció.

Teniendo en cuenta que nunca conoceremos la verdadera identidad de Satoshi Nakamoto (cuyo sexo ni siquiera se conoce con certeza), BTC parece haber sobrevivido ya a su inventor; y todo ello a pesar de haber vivido momentos muy sangrantes en el transcurso de su joven vida. Al escribir este texto, por ejemplo, BTC ha perdido cerca del 80% de su valor en comparación con los últimos picos de enero de 2018, y esto lleva a muchos detractores a argumentar que su fin ha llegado. No obstante, lo que los detractores no dicen es que BTC ya se ha hundido varias veces a lo largo de su historia, demostrando en cada ocasión que tiene los hombros lo suficientemente anchos como para salir fortalecido de ahí. El primer gran desplome de la historia de BTC fue ya en 2011 cuando, tras una loca carrera que en pocos meses hinchó el precio de 0,92 dólares a la exorbitante cifra de 32 dólares por moneda, los precios de Bitcoin volvieron a desplomarse en torno a los 2 dólares. "Ahora se acabó" decían los expertos, "Bitcoin está muerto" sentenciaban los periódicos; pero las cosas no fueron así. Al año siguiente (2012), BTC ofreció de inmediato las primeras señales de fortaleza, volviendo a rondar los 7 dólares. Sin embargo, ya a mediados de enero, un nuevo bofetón lo hizo caer casi un 40%; sin embargo, pareció una corrección trivial, ya que en el verano de ese mismo año, los precios volvieron a acercarse a los 15 dólares. Cuando parecía que el Bitcoin nunca recuperaría su máximo histórico de 2011, el precio volvió a explotar, marcando, en la primavera de 2013, un nuevo máximo cercano a los 50 dólares. En los meses siguientes, BTC reanudaría su carrera con nuevos máximos cercanos a los 100 dólares, y alcanzaría un máximo en abril de 2013, tocando los 270 dólares.

"El Bitcoin es imparable, valdrá miles de dólares", decían los más entusiastas, pero en cambio BTC volvió a bajar, solo unos días después de alcanzar el nuevo máximo, llegando a los 67 dólares en el mismo mes de abril. En ese momento, los precios entraron en una fase lateral, manteniéndose bastante estables en torno a los 120 dólares hasta finales de año, cuando comenzó una nueva carrera alcista que arrastró el precio hasta los

1100 dólares. Vaya. Lástima que a las pocas semanas el precio vuelva a caer en picado, esta vez asentándose en los 500 dólares y permaneciendo en una especie de lateralidad durante los próximos 18 meses. Así llegamos a 2014, otro annus horribilis para nuestra criptodivisa que, mientras tanto, ha subido hasta casi tocar el nivel de los 900 dólares.

La reacción de los mercados a todo esto es, como es lógico, una especie de masacre, el precio de BTC se desplomó de nuevo y se situó en los 400 dólares, donde permaneció inmóvil durante otro par de años. Llegamos por tanto a tiempos más recientes, cuando por fin en enero de 2017 BTC volvió a romper el muro de los 1000 dólares y comenzar una carrera que le llevaría, entre diciembre de 2017 y enero de 2018, a tocar el nuevo máximo histórico en torno a los 20.000 dólares. Desde ese momento, BTC ha vuelto a entrar en una nueva fase bajista, alcanzando mínimos en torno a los 3.000 dólares y dando una nueva voz a los detractores que, una vez más, se apresuraron a afirmar que "esta vez es el mismísimo final"; quién de entre los detractores y los partidarios tendrá la última palabra aún no está claro.

4

INTERCAMBIO DE
CRIPTODIVISAS

C on el nacimiento de Bitcoin, surgió la necesidad de intercambiar la nueva criptodivisa con moneda fiduciaria. Desde el principio, los que querían entender en qué consistía esta nueva moneda solo tenían dos formas de hacerlo: o bien hacerse con algún Bitcoin minándolo (lo que al principio era mucho más fácil que hoy), o bien comprarlo a alguien que ya lo poseyera.

A lo largo del tiempo, algunos comerciantes empezaron a aceptar esta nueva forma de pago; ellos también necesitaban convertir ese beneficio obtenido en BTC en moneda de curso legal. Incluso los seguidores más ávidos, los que han conservado sus BTC durante más tiempo, también han tenido la oportunidad de gastarlos con el tiempo.

Hoy en día, gastar nuestras criptodivisas se ha convertido en algo extremadamente fácil gracias a las tarjetas, que nos permiten convertir instantáneamente nuestras criptodivisas sacando dinero en cualquier cajero automático, pero hemos llegado a esto con el tiempo, a través de una evolución que ha durado años. Tal y como cualquiera puede imaginar, al principio ni siquiera existía un mercado real como el actual; al principio, solo existía el BTC, y la forma más sencilla de convertirlo en moneda fiduciaria era cambiarlo físicamente por dinero en efectivo. Obviamente, el trueque no era una forma muy racional de gestionarlo, así que pronto nacieron las primeras plataformas de intercambio (exchanges), que hoy nos permiten intercambiar fácilmente incluso grandes volúmenes de criptodivisas.

A continuación hablaremos de cómo es posible intercambiar criptodivisas entre particulares, de las plataformas en internet que permiten hacerlo, y de algunos sitios en particular que nos permiten intercambiar incluso grandes cantidades de criptodivisas con moneda corriente, garantizando legalmente una total seguridad a pesar de que nos encontremos trabajando con completos desconocidos. En definitiva, todo esto forma parte de lo que hasta ahora hemos llamado el "ecosistema de las criptodivisas", una realidad estratificada y compleja de servicios que permiten a los usuarios gestionar sus criptodivisas, intercambiarlas y utilizarlas para comprar bienes y servicios.

LOCALBITCOIN

Si desde el primer momento parecía obvio que la forma más fácil de intercambiar criptodivisas era en persona, y que para construir un "mercado" de este tipo (por tanto, basado en una especie de trueque) era necesario recurrir a la web. El propio éxito de Internet, como es lógico, había pasado también por todos aquellos servicios que permiten la venta de bienes o servicios entre particulares.

Con el BTC, las cosas fueron exactamente así; aún hoy existe un sitio llamado Localbitcoins(en línea desde 2012) que conecta a quienes compran y a quienes venden criptodivisas a nivel local. A través de Localbitcoins (y otros sitios similares), sin embargo, la oferta y la demanda se limitan a encontrarse; es decir, tienen un primer acercamiento, mientras que el intercambio real de divisas se gestiona en persona, normalmente en efectivo. No es difícil encontrar en las grandes ciudades a alguien que también quiera comprar cantidades importantes de criptodivisas pagándolas en efectivo, pero no es menos difícil sufrir intentos de estafa por esta vía. De hecho, no son pocas las personas que, por haber cambiado sus criptodivisas de esta manera, se encontraron con miles de euros de dinero falso.

Por lo tanto, a la hora de proceder a este tipo de intercambio, siempre es preferible tener las debidas precauciones y no dar nunca nada por sentado; siempre hay que tener en cuenta el riesgo de ser estafado. Aunque pueda parecer inseguro, este tipo de intercambio sigue estando muy en boga hoy en día, sobre todo porque la oferta de trabajo también se mueve por estos canales. De hecho, hay muchas personas en todo el mundo que tienen criptodivisas para gastar y les gustaría invertirlas en su proyecto.

Evidentemente, no es habitual encontrar anuncios en

estas plataformas para ser panadero, pero sí hay numerosos relacionados con trabajos de traducción, la creación de páginas web y aplicaciones para smartphones, así como un número muy elevado de anuncios de trabajo relacionados con el blockchain (emitir un token, crear un contrato inteligente, escribir artículos para sitios especializados, etc). Todo esto atestigua la puerta revolucionaria de esta tecnología; alrededor del blockchain nació mucho más que un simple mercado. Nació una economía real con muchos puestos de trabajo, cursos universitarios con salidas profesionales seguras y proyectos financiados por millones de euros.

La existencia de sitios como Localbitcoins nos muestra cómo la "criptoeconomía", al contrario de lo que afirman sus detractores, no se basa en la nada, sino que se apoya en cimientos concretos y se sostiene a diferentes niveles. Francamente, es imposible pensar que las personas que ya han entrado en contacto con esta tecnología, que han entendido su funcionamiento y que ya la utilizan de forma habitual puedan dejar de hacerlo en los próximos diez años, mientras que no es difícil imaginar que en un periodo de tiempo similar cada vez más personas decidan empezar a utilizar cualquiera de los cientos de criptodivisas disponibles actualmente en el mercado.

LAS ESCUELAS

Si en cualquier gran ciudad del mundo encontrar a alguien que quiera intercambiar criptodivisas es, en general, bastante sencillo, en los pueblos pequeños las cosas no son tan fáciles. A pesar de ello yo mismo, que también vivo en un pueblo pequeño, me sorprendí al encontrar a una persona a menos de 2km de mí que quería vender 3BTC en 2016.

Para ser sinceros, esa persona era además la única en toda la provincia, por lo que fue claramente una casualidad que estuviera justo cerca de mi casa. A todo esto hay que añadir que en muchos países los bancos son, comprensiblemente, reacios a favorecer el movimiento de dinero hacia las criptodivisas y tienden a bloquear las transferencias entrantes y salientes conectadas a las cuentas de algunas grandes plataformas de intercambio. Entonces, ¿cómo se pueden intercambiar criptodivisas incluso por cantidades importantes a través de Internet, sin arriesgarse a llevarse el proverbial paquete? Sencillo, utilizando servicios especiales llamados "escrow". En Internet hay decenas de sitios que permiten hacer exactamente esto; el sistema es tan sencillo como ingenioso.

Dichos sitios no son más que un catálogo de terceros que se encargan de gestionar la transacción en nombre de todas las partes implicadas; cada uno de estos usuarios tiene una calificación y exige una comisión para llevar a cabo tan delicada tarea. La comisión exigida por cada escrow varía en función de la calificación que el usuario haya acumulado, ya que la calificación refleja la fiabilidad del usuario.

Con este sistema, por tanto, las estafas se vuelven extremadamente raras y difíciles. Los escrows tienden a no actuar de mala fe, ya que se les paga por su fiabilidad, y su reputación es su medio de vida. Este sistema, por supuesto, no es precisamente el más barato de todos, y probablemente ni siquiera la forma más cómoda de cambiar moneda fiduciaria por criptodivisas. Sin embargo, ha sido utilizado por miles de usuarios que han dado fe de su calidad y eficacia durante años.

PLATAFORMAS DE INTERCAMBIO

Hay muchas razones por las que se puede querer comerciar con criptodivisas (con otras criptodivisas o con moneda fiduciaria,) y también hay muchas formas diferentes de hacerlo; lo que tenemos que dejar claro es que hay una forma correcta de satisfacer cada necesidad diferente. No entender esto tan sencillo, cuando se trata de criptodivisas, puede acarrear desagradables inconvenientes; un error muy común, por ejemplo, es pensar que la función de una plataforma de intercambio (o exchange si se prefiere) es permitir la conversión de diferentes criptodivisas en otras monedas o en moneda fíat.

En realidad, este tipo de servicios se crearon para permitir el comercio y no para permitir simplemente el cambio de divisas. Por ejemplo, imaginemos a un abogado que acepta que se le pague también en criptodivisas; como son pocos los clientes que deciden pagarle de esta manera, el abogado tiende a no gastar ese dinero y acaba acumulando una buena suma en su dirección BTC.

Con el tiempo, nuestro abogado querrá gastar esta

suma, y quizás en lugar de gastar sus monedas tal cual, decida que ha llegado el momento de convertirlas en euros; ¿cuál es la forma más cómoda de hacerlo? Pues bien, basta con abrir una cuenta en una de las plataformas de trading más grandes y fiables del mercado y transferir los BTC a su dirección, momento en el que se coloca una orden de venta en euros y ya está, ¿no? Pues bien, las cosas no resultan necesariamente tan sencillas. En el momento en que nuestro abogado intente transferir la suma recién convertida en euros a su cuenta corriente, la cuenta podría ser congelada, simplemente porque no leyó la política de cumplimiento.

Obviamente, no todas las bolsas se adhieren a este tipo de protocolo. Simplemente depende de las diferentes normas que aplican los distintos países para gestionar este tipo de mercado. En Italia, por ejemplo, la apertura de una bolsa requiere el cumplimiento de normas muy estrictas y, por tanto, no es una actividad sencilla (y menos aún económica) para empezar.

Este conjunto de normas (cumplimiento) establece, entre otras cosas, la identificación de los usuarios (por lo que hoy en día casi todas las plataformas exigen el envío de documentos de usuario) y que los fondos depositados se utilicen específicamente para el comercio. Nuestro abogado se equivocó al pensar que podía intercambiar sus BTC sin más. Como su comportamiento se considera impropio y está expresamente prohibido por la normativa de la plataforma, nuestro abogado se encontró con su cuenta congelada.

Esto no significa que no sea posible utilizar una plataforma de intercambio para cambiar nuestros BTC... El del abogado es solo un ejemplo de los riesgos que corre una persona perezosa al no hacer las cosas con la debida atención, pero hay numerosos intercambios en el mercado, incluso entre los más grandes, que no tienen normas tan estrictas.

El mundo de las criptodivisas es refractario a las regulaciones impuestas desde arriba, de ahí que los usuarios (incluidos los propios traders) se vean obligados a sacrificar su privacidad para poder operar legítimamente con sus monedas (ya que tienen que presentar sus documentos a las plataformas de intercambio para abrir una cuenta.) No es precisamente una de las normas más populares dentro de la comunidad; en cierto momento, los usuarios en redes sociales, foros y blogs comenzaron a decirse unos a otros que no sería mala idea construir un intercambio descentralizado.

Después de todo, ¿qué otra cosa es una plataforma de intercambio sino un registro actualizado de todos los intercambios realizados? Justamente el tipo de datos que se pueden procesar a través de una blockchain, siempre y cuando exista una red descentralizada de nodos que garantice su funcionamiento. En este punto cualquiera puede adivinar por qué en este mismo momento en el mercado hay al menos una docena de plataformas (con criptodivisas nativas relacionadas) que ofrecen exactamente este servicio; los usuarios pueden transferir sus monedas a estas plataformas y hacer sus propias operaciones (o simplemente cambiar sus monedas) tal y como hacen actualmente con los grandes exchanges centralizados. ¿Cuál es la diferencia? Que de esta forma pueden hacerlo de forma anónima y, en muchos casos, sin pagar comisiones por cada operación que realicen.

A ello ha contribuido una reciente innovación, conocida como "intercambio atómico", que permite a los usuarios utilizar un contrato inteligente para procesar un intercambio de monedas entre monedas pertenecientes a diferentes cadenas. En este intercambio, el contrato inteligente actúa esencialmente como un verdadero escrow (protegiendo así a ambas partes implicadas) asegurándose de enviar las monedas a las direcciones válidas correspondientes. Supongamos que un usuario quiere comprar ETH usando su BTC; un contrato inteligente tomará su BTC, buscará uno o más usuarios capaces de satisfacer la petición al precio fijado por el usuario, y en cuanto esto sea posible se autoejecutará pagando las partes respectivas a las direcciones que cada uno de ellos habrá establecido previamente.

Los intercambios descentralizados son uno de los mejores ejemplos de las ventajas de la desintermediación que, inevitablemente, coincide también con una bajada de los costes del usuario final. La reducción de costes, por tanto, se convierte en un extraordinario incentivo para convencer a cada vez más usuarios de que abandonen los modelos centralizados en favor de los descentralizados y es por ello que, al menos a largo plazo, toda esta nueva tecnología basada en la desintermediación y la descentralización parece inexorablemente destinada a ganar a los modelos (centralizados) que actualmente regulan algunos de los principales aspectos de nuestra vida social.

5.

INTRODUCCIÓN AL COMERCIO DE CRIPTODIVISAS

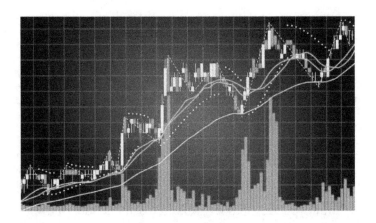

Insertar un capítulo dedicado al trading en un texto que trate sobre blockchain y criptodivisas es inevitable; una de las ventajas de esta tecnología es que todos los que la descubren sienten inmediatamente la necesidad de empezar a entender cómo funciona el mercado. Los motivos que empujan a una persona a empezar a operar con criptodivisas pueden variar. Hay quienes lo hacen por pura curiosidad, para entender mejor la misma tecnología, o simplemente porque ven la posibilidad de ganar dinero. En cualquier caso, es muy común que quienes se acercan a las criptodivisas decidan abrir una cuenta de trading en una plataforma de intercambio.

Esto ha permitido que muchas personas adquieran los primeros rudimentos de educación económico-financiera: una forma de educación que está casi totalmente ausente en nuestro país y que sería muy necesaria. El salto "cuántico" que da la gente que empieza a usar BTC y otras criptodivisas es que, al tener el control total de su dinero, también puede invertirlo libremente. Y por lo demás, como me gusta decir, "hasta un mono puede obtener beneficios haciendo trading". ¿En qué consiste esta actividad? Creo que una palabra es suficiente para decirlo y esa palabra es "reglas". El trading es un sistema de reglas.

Lo que hace un trader es aprovechar estas fluctuaciones de valor para obtener un beneficio, comprar BTC a un precio bajo (por ejemplo a 100 dólares) y revenderlo a un precio más alto (por ejemplo a 120 dólares); la diferencia entre el precio de venta y el de compra representa el beneficio (o pérdida) obtenido con esa única operación.

En el trading de criptodivisas, podemos observar dos grandes tendencias: la de los traders que operan siempre en pareja con una moneda fíat (por ejemplo, compran BTC para ganar dólares,) y la de los que operan con criptodivisas (compran cualquier altcoin para ganar BTC.) Quien opera de la primera manera (es decir, acumula dólares) es una persona que probablemente está convencida de que la supremacía de las monedas fíat nunca será arañada por las criptodivisas, y en consecuencia utiliza los cambios de precios para ganar más moneda de curso legal. Quien en cambio opera de la segunda manera (es decir, acumula Bitcoin) está convencido de que, independientemente de lo que ocurra durante los ciclos bajistas, BTC está destinado a largo plazo a seguir aumentando su valor, alcanzando siempre nuevos picos.

Las estrategias de trading más populares son:

1. Scalping: significa que el operador abre y cierra numerosas operaciones durante el mismo día, con el

objetivo de obtener beneficios en el menor tiempo posible aprovechando incluso las más pequeñas variaciones de precios.

2. Day trading: en este caso el trader tiende a realizar menos operaciones, raramente superando dos o tres en el mismo día, y como norma básica cada operación se abre y se cierra estrictamente en 24 horas.

3. Swing trading: quienes realizan este tipo de operaciones reducen aún más el número de transacciones en comparación con el day trader, y como regla básica la duración de la operación se extiende desde un día (duración máxima del day trading) hasta diez días (indicativamente el plazo máximo en el que debe cerrarse la operación única).

4. Cassettista: opera más según una lógica de inversión que (como en otros casos) en una lógica puramente especulativa. Entre el momento en que el cajista abre una operación y el momento en que la cierra, pueden pasar fácilmente meses; además, es difícil que este tipo de operador gestione más de dos o tres inversiones al mismo tiempo.

En general, un buen trader sabe adaptar sus operaciones a los cuatro estilos de trading en función de la tendencia del mercado; por lo tanto, dependiendo del momento en el que el trader decida adoptar un estilo en lugar de otro, el mismo trader que hoy hace scalping podría adoptar de repente una lógica de swing trading, y luego volver al scalping una vez cerradas las operaciones anteriores.

Como dijimos, el trading es básicamente un sistema de reglas, una vez que estas reglas se establecen correctamente, inevitablemente se comienza a obtener ganancias; esto no significa que se convertirá fácilmente en multimillonario, sino simplemente que podrá hacer sus ahorros con relativa facilidad. Lo difícil, cuando hablamos de trading, no es ni siquiera aprender la técnica (que al fin y al cabo está al alcance de cualquiera), sino tener un control total de la propia psicología.

Todo trader está constantemente expuesto a una gran presión psicológica que le induce, independientemente de las reglas que se haya dado a sí mismo, a vender o comprar de forma desmedida; la cuestión es que, por muy bueno que seas, todos los traders operan con pérdidas. Un buen trader simplemente acumula más beneficios que pérdidas. Las reacciones psicológicas de cada trader pueden ser diferentes y pueden cambiar, así como de persona a persona, de situación a situación; por lo tanto, no hay reglas válidas para todos para gestionar el aspecto más exigente (que es la dimensión psicológica) de la actividad de trading.

Por ello, en los próximos capítulos, además de describir el funcionamiento de algunas herramientas fundamentales en la actividad de cada trader, trataremos de hacer reflexiones más generales sobre este tipo de profesión para ofrecer a cada lector un punto de vista amplio y una base suficiente.

CÓMO LEER LOS GRÁFICOS

Encontrarse haciendo trading al descubrir las criptodivisas es algo muy común, y el hecho de que quienes se acercan a este tipo de actividad lo hagan pensando en hacerse inmensamente ricos en un tiempo récord es, por desgracia, lo mismo. Aunque cualquiera puede aprender a aprovechar los ciclos del mercado para obtener beneficios, no es seguro que todos los que se

52

dedican a esta actividad alcancen el objetivo. Como ya se ha dicho, el trading es un sistema de reglas, pero como estas reglas nos las imponemos nosotros mismos, muchos tienden a infringirlas. En cualquier caso, la primera regla que todo trader debe seguir es "nunca inviertas más de lo que estés dispuesto a perder".

Lo primero que debemos hacer es aprender a leer los gráficos bursátiles que, en la jerga, se llaman "gráficos de velas japonesas". Evidentemente, la tendencia de los precios también puede representarse gráficamente mediante un gráfico de líneas, pero los gráficos de velas nos dan mucha más información de la que podríamos obtener observando una línea.

La razón por la que estos gráficos se llaman así es bastante intuitiva: los signos gráficos (los de color rojo y verde) se asemejan a velas. Cada vela del gráfico expresa la tendencia del precio en la unidad de tiempo definida por el usuario. Precisamente por eso se habla de gráficos de una hora, de cuatro horas, de un día, de una semana, etc., que es el tiempo que abarca una vela.

Ahora, imaginemos la lectura de un gráfico de 1D (un día); sabemos que cada vela representa gráficamente lo ocurrido en las últimas 24 horas. Por lo tanto, si la vela es de color rojo significa que en las veinticuatro horas el precio ha bajado, por el contrario si la vela es de color verde significa que el precio ha subido.

La altura de la vela representa el cambio en el precio unitario. Cuando leemos una vela roja (que señala una caída del precio en la unidad de tiempo) el borde superior indica el precio de apertura, y el inferior el precio de cierre de la sesión, y viceversa para una vela verde.

En algunos casos, podemos observar velas que no están coloreadas y que se asemejan sustancialmente a cruces. Este tipo de velas indica que el precio de apertura fue sustancialmente idéntico al de cierre; los bordes de estas cruces (dirigidos hacia arriba o hacia abajo) representan gráficamente los cambios de precio (máximo y mínimo) que se produjeron durante la sesión.

Vamos a poner un ejemplo práctico e imaginemos que el precio de 1BTC después de partir de un precio de 10$ en la apertura tocó un máximo de 15$ y luego cerró la sesión en 12$ ¿Cómo se representa todo esto en la vela? Sencillo, mientras tanto tendremos una vela verde (porque el precio ha subido), similar a un rectángulo cuyo margen inferior se sitúa en 10$ (la apertura) y el superior en 12$ (el cierre); desde el margen superior. Entonces, veremos comenzar una línea recta ("sombra") que llega hasta los 15$.

Como otro ejemplo, imaginemos que el precio de apertura es de 20$ y el de cierre de 17$, con el mínimo del día en 15$ y el máximo del día en 22$; en este caso la vela será de color rojo (sesión con pérdidas), el margen superior (precio de apertura) se situará en 20$, desde aquí partirá la sombra superior (la línea recta) que representa el máximo del día y tocará la acción de 22$, mientras que el margen inferior de la vela (precio de cierre) se situará en 17$, nivel desde el que partirá la sombra inferior (siempre otra línea recta) que alcanzará el mínimo del día en 15$.

Para el último ejemplo, una sesión que abre y cierra en 17 dólares, correspondiente al mínimo del día y con un máximo alcanzado de 20 dólares. El aspecto de la vela en este caso será el de una cruz; no tendrá color porque el precio de apertura y el de cierre coinciden, y no habrá sombra inferior porque el mínimo del día nunca ha bajado de la apertura, pero sí habrá una larga sombra superior que se extenderá hasta los 20$.

Todo lo que hemos ilustrado con palabras hasta ahora lo puedes encontrar resumido en la siguiente imagen que te permitirá entender mejor toda la nueva terminología que hemos introducido.

EL ANÁLISIS TÉCNICO

En estos pocos capítulos hemos discutido varios conceptos fundamentales para el trading, cómo leer un gráfico de velas, y hemos establecido que el trading significa crear su propio sistema de reglas. Este último aspecto es fundamental, porque sin un sistema eficaz de reglas, nunca podremos operar con eficacia.

El objetivo de estas reglas no es solo permitirle obtener un beneficio, sino más bien permitir al operador aliviar la presión psicológica a la que inevitablemente estará expuesto hasta el momento de cerrar la operación, y establecer en cambio cómo realizar el beneficio cada operador se basa en lo que es esencialmente una verdadera "colección de señales".

La primera pregunta que toda persona se hace

inevitablemente cuando empieza a operar es "¿qué mueve el precio de una criptodivisa?" Encontrar una buena respuesta a esta pregunta ya significa haber dado el primer paso para convertirse en un buen trader. El precio se mueve principalmente por dos factores: la codicia del mercado y las noticias que irrumpen en el mercado. Estos dos factores, en conjunto, generan los movimientos del precio que nos permiten obtener beneficios.

Cuando empezamos a operar en un mercado concreto, cualquier noticia relacionada con él puede provocar una reacción alcista o bajista en la tendencia del precio. Hay noticias, como la posibilidad de un hard fork o el lanzamiento de una nueva versión de la plataforma, que desencadenan inevitablemente la subida de los precios. Otras noticias, sin embargo, pueden hacer exactamente lo contrario y hundir el valor de una moneda. Por ejemplo, el precio de una criptodivisa puede caer si se difunde la noticia de que el monedero oficial de una determinada moneda es defectuoso o de que una determinada criptodivisa está a punto de ser excluida (excluida de la lista) de una gran plataforma.

Si entender cómo y por qué las noticias mueven el mercado es bastante fácil, es más difícil comprender la forma en que la codicia de los operadores provoca las fluctuaciones de los precios. Ante todo, lo que tenemos que entender es que la tendencia del precio nunca es lineal, sino que se asemeja más a las ondas, como se ve en los gráficos de velas anteriores.

Cuando empezamos a imaginar la tendencia del precio como si fuera una onda, empezamos a encuadrar dos tendencias diferentes: una a corto plazo en la que el precio se mueve entre mínimos y máximos dentro de lo que se llama un "canal", y al mismo tiempo nos encontramos con una segunda tendencia en curso, más a largo plazo, que ve el precio destinado a aumentar o disminuir.

Evidentemente, los operadores disponen de varias herramientas para reconocer estas tendencias en el precio (algunas de las cuales conoceremos más adelante), pero en principio la dinámica a la que asistimos es siempre la misma. Dado que todos los traders persiguen el mismo objetivo (obtener beneficios) y todos leen el mismo gráfico al mismo tiempo, cuando se dan ciertas condiciones todos los traders harán clic en masa para aprovechar la oportunidad y aquí, como se ha mencionado, la codicia del mercado acaba moviendo el precio.

Sin embargo, esto también es cierto al contrario; los temores del mercado pueden provocar una ola de ventas que puede llevar al operador individual a sufrir pérdidas importantes. Todo ello se clasifica como "análisis técnico". La capacidad de leer las tendencias del mercado a través de la tendencia del precio en un gráfico, y de reconocer los momentos de inversión (tanto a corto como a largo plazo) en la tendencia principal. En otras palabras, lo que hace el operador es utilizar las herramientas que tiene a su disposición para definir la tendencia del mercado y tratar de obtener beneficios basándose en el análisis técnico.

Lo malo del análisis técnico es que no es una ciencia exacta, sino más bien un cálculo estadístico. Ninguno de los datos que obtenemos de la lectura de los gráficos nos da garantías; aunque hay señales más relevantes (y más fiables) que otras, no hay señales de trading 100%

seguras. Además, todo buen trader oscila naturalmente entre un enfoque especulativo y otro más moderado basado en la inversión. En consecuencia, para una operación completa en el mercado, el análisis técnico no es suficiente, pero siempre es necesario.

En efecto, todos los conceptos que estamos exponiendo existen en cualquier tipo de mercado; los gráficos se leen igual tanto en el mercado de divisas como en el de criptodivisas, el análisis técnico es el mismo tanto si se invierte en acciones como si se compran monedas, y el análisis fundamental es un concepto que siempre existe.

Cuando compramos acciones, por ejemplo, el análisis fundamental consiste en leer los estados financieros de la empresa en la que vamos a invertir; en el mercado de criptodivisas, el análisis fundamental se hace recogiendo información de otra naturaleza, como veremos mejor en uno de los próximos capítulos. Por ahora, vamos a centrarnos en conocer algunas herramientas elementales que todo trader suele utilizar en su práctica diaria para buscar señales de trading que le permitan obtener beneficios.

SOPORTES Y RESISTENCIAS

Hemos dicho que el precio se mueve como una onda dentro de una tendencia a largo plazo que puede ser alcista o bajista; simplemente, en un mercado alcista el precio tiende a tocar siempre nuevos picos, mientras que en un mercado bajista tiende a tocar siempre nuevos mínimos.

Si en medio de una tendencia bien definida, el precio no toca un nuevo pico (mínimo o máximo), esto es un primer signo de debilitamiento de la tendencia, e indica que podemos estar cerca de una inversión de la tendencia principal.

Si a continuación combinamos gráficamente los picos máximos alcanzados por el precio con una línea recta, y hacemos lo mismo con los picos mínimos, obtenemos gráficamente niveles importantes a nivel de análisis técnico; éstos se denominan soporte (la línea que une los picos mínimos) y resistencia (la línea que une los picos máximos).

Así pues, cuando el precio está cerca de un soporte, éste representa un nivel difícil de romper a la baja, y es fácil decir que (en la tendencia a corto plazo) el precio va a rebotar. Del mismo modo, cuando el precio está cerca de la resistencia, es fácil que el precio comience a deslizarse hacia abajo, buscando de nuevo el primer soporte útil. Sin embargo, siempre hay que tener en cuenta que cuantas más veces se pongan a prueba estos niveles, menos probable será que puedan resistir la siguiente ola. Cuando el precio empieza a batir una resistencia, tarde o temprano es probable que pueda romperla y, por tanto, empezar a subir.

En esta dinámica, hay dos momentos relevantes para la actividad de un trader: cuando el precio está cerca de esos niveles de precios que hemos llamado soportes y resistencias, y cuando el precio rompe esos niveles. Dado que hoy en día existen instrumentos financieros que permiten obtener beneficios incluso cuando el precio está bajando (venta en corto), sería preferible que un trader novato se concentrara en realizar todas las operaciones al alza y que más adelante integrara herramientas más avanzadas en su operativa.

Nuestro criptotrader neófito, que quiere obtener beneficios con las variaciones al alza del precio, tiene dos momentos ideales para abrir una posición: precisamente cuando el precio está cerca de un soporte y cuando el precio rompe una resistencia. Abrir una posición contando con el rebote cerca del soporte es una estrategia que a menudo permite obtener beneficios, pero que presenta mayores riesgos ya que no se dice que el soporte vaya a mantenerse. Por el contrario, abrir la posición cuando la resistencia se rompe al alza es una estrategia de trading más moderada que nos permite asumir menos riesgos pero nos ofrece menos oportunidades de beneficio.

En cualquier caso, a pesar de lo sofisticadas que sean nuestras habilidades de análisis de mercado, nadie puede predecir realmente hacia dónde va el precio. Esto es siempre cierto, y más aún en un mercado como el de las criptodivisas, sujeto a continuas manipulaciones. De hecho, como el mercado de criptodivisas no suele ser muy líquido, algunos operadores con gran capacidad financiera están en condiciones de provocar maniobras especulativas que se denominan "pump and dump". Acumulan grandes cantidades de monedas a un determinado precio durante semanas y, de repente, inyectan enormes volúmenes de liquidez, provocando una subida de precios que posteriormente permitirá revender a otros operadores con beneficios.

Tras completar la maniobra especulativa y recortar dolorosamente el paquete a todos los operadores que se habían apresurado a perseguir esa repentina subida, el precio de la moneda (carente de la liquidez que había permitido la subida) vuelve a caer.

Por ello, entre las reglas que deben darse a la hora de operar con criptodivisas, tenemos la de no operar en pares ilíquidos (que generen un volumen de negociación inferior a un mínimo que comúnmente se establece en torno a los 20BTC diarios) y la de invertir en proyectos que conozcas bien y en los que tengas gran confianza (por lo que debes estudiar las distintas plataformas, realizar tu análisis fundamental y elegir cuidadosamente en cuáles quieres operar). Antes de seguir adelante, vamos a utilizar una simple imagen para fijar lo que acabamos de decir; en el siguiente gráfico, vemos claramente que el precio se mueve dentro de un "canal" limitado por dos líneas que unen respectivamente los picos mínimos (la línea de soporte roja, y la línea de resistencia negra).

Cuando en un momento determinado el precio muestra un primer signo de debilidad y no se muestra capaz de ir a testear de nuevo la resistencia (línea negra) aquí intenta respirar durante algún tiempo cerca del soporte; en este punto, asistimos a un último intento de salida alcista, entonces el precio cae de repente, rompe el nivel (ya testeado varias veces anteriormente,) cruza la línea roja (el soporte,) y entra en un ciclo marcadamente bajista en el que a cada nuevo mínimo le sigue uno siempre más bajo que el anterior.

ÍNDICE DE FUERZA RELATIVA (RSI)

Hemos dicho que todo trader utiliza, en su operativa diaria, una serie de herramientas que le ayudan a analizar el gráfico que está leyendo. Estos instrumentos pueden dividirse en dos grandes categorías: los indicadores (que replican libremente la tendencia del precio en el gráfico) y los osciladores (que se mueven en un rango predeterminado de valores). A menudo, estas herramientas nos dan señales muy claras de lo que está ocurriendo con el precio, y su correcta interpretación es a menudo lo que marca la diferencia entre las pérdidas y los beneficios.

Las señales de trading no solo provienen de la lectura de los datos que obtenemos de los indicadores y osciladores, sino también directamente a través del gráfico de precios al trazar nosotros mismos los niveles que representan los "soportes" y "resistencias". Dado que para cada par de divisas sobre el que operamos podemos cambiar la unidad de tiempo (representada gráficamente por las velas,) tenemos una multiplicidad de señales diferentes en función de cómo fijemos el marco temporal. Por ejemplo, si estamos operando en el par BTC-ETH, gastando BTC para comprar ETH.

Independientemente de la modalidad que utilicemos para obtener la señal de trading, mientras tanto debemos partir siempre de la base de que la señal es tanto más sólida cuanto más se fije el TF de forma ampliada; un gráfico con un marco temporal de una semana, por tanto, ofrece señales más sólidas que un gráfico con un marco temporal de una hora.

En caso de querer comprar ETH gastando BTC, lo que haría sería esperar a que apareciera una señal de trading en el gráfico de 1W, empezar a observar el TF inferior, y luego ir estrechando poco a poco el TF hasta encontrar el momento óptimo para comprar. Por lo tanto, para reducir el riesgo, nunca nos basamos en una sola señal de trading, sino que vamos en busca de lo que se llama "convergencia" de señales. Si es cierto que "muchas pistas no prueban", también lo es que cuantas más pistas se tengan, mayores serán las posibilidades de ganar la apuesta. Porque en cierto sentido esto es lo que estamos haciendo; estamos apostando a que el precio subirá. Entre todas las herramientas que utilizan los traders, ¿hay alguna que sea sencilla de entender y que sea comúnmente utilizada y apreciada por la mayoría de la comunidad? Sí, se llama RSI (índice de fuerza relativa).

Es un oscilador que se mueve continuamente entre un mínimo (igual a cero) y un máximo (igual a 100) inventado por John Welles Wilder (que ilustró su funcionamiento al público en 1979 con el libro "New Concepts in Technical Trading System") y cuya finalidad es ayudar al trader a identificar los puntos en los que la fuerza de la tendencia se está agotando; la fórmula matemática nos ayudaría a entender por qué se obtienen ciertas indicaciones del RSI. En cualquier caso, esto no cambia el funcionamiento, así que digamos que el RSI, moviéndose entre un mínimo de cero y un máximo de cien, alcanza dos bandas en las que aumenta la atención del trader: la banda 0-30 (que se define como sobreventa) y la banda 70-100 (que se define como sobrecompra).

Cuando el RSI cruza los rangos de sobreventa y sobrecompra, significa que el mercado está en una fase de "exceso", en la que los operadores se empecinan en vender y comprar más allá de lo razonable. Por desgracia, para obtener beneficios, no basta con apresurarse a comprar en los rangos de sobreventa y vender en los de sobrecompra, basándose en la fuerza de la tendencia actual. El RSI puede permanecer en condiciones "extremas" (sobreventa o sobrecompra) durante largos periodos de tiempo.

Sin embargo, hay momentos particulares en los que se producen anomalías en el RSI si comparamos la tendencia del oscilador con lo que leemos en el gráfico de precios. Por ejemplo, cuando vemos que el precio marca un mínimo de 20$, sube hasta los 23$ y luego vuelve a marcar un nuevo mínimo de 17$, lo que leemos claramente en el gráfico de precios es que al combinar los dos mínimos obtenemos una línea descendente. Sin embargo, en determinadas circunstancias, ocurre que, junto a los dos mínimos del gráfico de precios, el RSI marca dos picos que, una vez unidos, forman una línea ascendente (que se mueve hacia arriba).

Esta clase de anomalía se llama "divergencia", y se forma no solo en el RSI, sino también en otros tipos de osciladores e indicadores (siempre de la misma manera). Existen básicamente dos tipos de divergencias: las alcistas (que se leen trazando una línea que une los picos mínimos) y las bajistas (que se leen trazando una línea que une los picos máximos).

Cualquier tipo de divergencia que notemos entre lo que leemos en el gráfico de precios y lo que expresa el oscilador nos da una señal de trading. En concreto, si en un mercado alcista notamos una divergencia en los picos máximos, tenemos una señal de venta (existe por tanto la posibilidad de un cambio de tendencia). Si en cambio se produce al combinar los picos mínimos tenemos una señal de compra.

Más técnicamente, deberíamos entonces distinguir las divergencias reales (dos picos crecientes en la dirección de la tendencia en el gráfico de precios en conjunción con dos picos en la dirección opuesta a la de la tendencia trazada por el oscilador) de las ocultas (en las que se invierte la lógica para que los picos expresados por el precio estén en la dirección opuesta a la de la tendencia, mientras que el oscilador se comporta de forma contraria). En el siguiente gráfico, sin embargo, analizaremos solo las divergencias clásicas, mientras que trataremos mejor las divergencias ocultas en el apartado dedicado al MACD. El RSI, en principio, nos ofrece las mejores señales de trading a través de las divergencias que se producen en las proximidades de los rangos de sobreventa y sobrecompra; dichas señales son más sólidas cuando surgen en TFs mayores.

Una divergencia alcista, por ejemplo, construida en un gráfico con un TF de una semana en una situación de fuerte sobreventa y cerca de un soporte sólido, es casi siempre un buen momento para abrir una posición larga. Cuantas más señales tengamos que nos empujen a comprar, más naturalmente estaremos preparados para abrir una posición. Para simplificar todo este razonamiento, a continuación ilustramos gráficamente el funcionamiento de dos divergencias clásicas (la primera alcista y la segunda bajista); lo que vemos en el recuadro verde es que el precio en el gráfico marca tres nuevos mínimos consecutivos mientras que el RSI en esos mínimos está subiendo (todo esto está expresado gráficamente por la línea roja.)

Tan pronto como el precio rompe, la resistencia comienza a crecer y a sufrir un aumento de alrededor del 30%. No obstante, inmediatamente después, en el cuadro negro, observamos que se forma una divergencia bajista. En el gráfico, el precio marca dos nuevos máximos, pero la línea que une los respectivos picos en el RSI (resaltada en rojo) es claramente descendente.

Esta vez, el soporte se rompe y el precio comienza a caer. En la operativa de un trader, los círculos naranjas representan el momento en el que hubiera sido aconsejable abrir la posición (los dos primeros) y cerrarla (los dos últimos) para optimizar el beneficio y reducir los riesgos. Este tipo de estrategia no es infalible, por lo que trabajando exclusivamente con las divergencias producidas por el RSI acabaremos inevitablemente incluso metiéndonos en alguna mala situación.

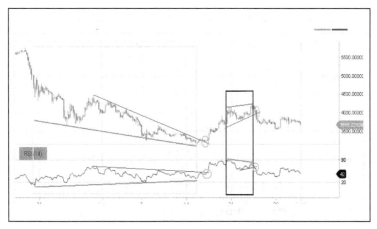

MEDIOS DE COMUNICACIÓN MÓVILES

Lo que debemos tener siempre presente a la hora de operar es que cada gráfico nos ofrece todo tipo de señales, y nos corresponde interpretarlas correctamente haciendo las diferentes valoraciones del caso. Al recoger una señal utilizando el RSI, debemos ir en busca de confirmaciones utilizando diferentes herramientas para asegurarnos de que éstas también nos proporcionan indicaciones positivas.

Tenemos entre las herramientas más útiles y sencillas para integrar en la operativa diaria las medias móviles; estas herramientas no hacen más que reducir el efecto de los picos aleatorios expresando la tendencia del precio en el gráfico en forma de curva.

73

Existen diferentes tipos de medias móviles; las más utilizadas se denominan media móvil simple (SMA o media aritmética) que asigna la misma importancia a todos los valores que asume el precio independientemente de que sean más o menos recientes, media móvil ponderada (WMA) que resuelve el límite de la SMA asignando mayor relevancia a las velas más recientes , media móvil exponencial (EMA) que asigna un valor exponencialmente creciente a los valores más recientes del precio, y media móvil adaptativa, que introduce el análisis de los volúmenes en el cálculo necesario para producir la curva que expresa la tendencia del precio. Sea cual sea el tipo de media móvil, la curva que representará el gráfico tendrá diferente aspecto en función del "periodo" que hayamos fijado; una media móvil de 12 periodos, por ejemplo, indica que cada punto trazado por la curva representa la media de las últimas 12 velas.

Por tanto, las medias móviles se definen como "rápidas" y "lentas" a medida que aumenta el periodo de referencia. De este modo, una media móvil de 12 periodos (basada en las últimas 12 velas) se considera una media móvil rápida y una media de 26 periodos (basada en las últimas 26 velas) se considera lenta.

Las medias móviles son importantes precisamente porque podemos crear múltiples medias móviles con diferentes periodos recibiendo diferentes indicaciones; en general, los periodos más utilizados en el análisis técnico para trazar las medias móviles son 20-50-100, especialmente en lo que se refiere a la media móvil exponencial (que es la que más utilizan normalmente los traders.) Estas herramientas nos ofrecen una mirada rápida e inmediata sobre el mercado; cuando el precio está por encima de una media móvil la tendencia se considera alcista, por ejemplo (por el contrario si está por debajo se considera bajista).

Esto se debe a que las medias móviles también representan valores de soportes y resistencias; cuanto más sólidos, mayor es el periodo utilizado para construir la propia media móvil. Otra indicación muy útil que nos dan las medias móviles es la forma en que se entrelazan, que nos dice mucho sobre el curso futuro de la tendencia. Normalmente, cuando una media móvil más rápida recorta una media móvil más lenta, es el momento de comprar; por el contrario, el recorte es el momento de vender.

Intentemos observar todo lo que hemos dicho en un gráfico (precisamente un gráfico 1D del par BTC/XRP.) Aquí hemos trazado tres medias móviles exponenciales a 20 periodos (curva roja,) 50 periodos (curva azul,) y 100 periodos (curva negra) y hemos resaltado (en verde y negro) dos momentos concretos de la historia de la tendencia del precio. Observemos el primer rectángulo verde; aquí, en un momento determinado, vemos claramente que la media móvil rápida (la de 20 períodos, coloreada en rojo) corta las dos medias móviles más lentas. El precio retrocede inmediatamente, utiliza una de las medias móviles más lentas como soporte y entra en un ciclo marcadamente alcista. En el segundo recuadro verde, vemos la misma dinámica con el precio que primero marca una gran subida y luego utiliza la media móvil más lenta como soporte y vuelve a probar la misma resistencia que había probado con la primera subida. El desarrollo de la situación que vemos desplegarse en el recuadro verde es que o bien el precio rompe la resistencia de corto plazo (línea naranja) para luego ir a testear nuevamente la de largo plazo (línea amarilla) o bien rompe los tres soportes representados por las tres medias móviles y vuelve a caer en la zona del último mínimo (línea morada) donde con toda probabilidad intentará un rebote o comenzará a construir una divergencia.

En los recuadros negros observamos la misma dinámica, pero a la inversa; en el primer recuadro negro podemos observar como la media móvil rápida recorta las dos medias móviles más lentas una tras otra con el precio que una vez pasado por debajo comenzará a testear la EMA100 (media móvil exponencial a 100 periodos, la curva negra de nuestro gráfico) exactamente como si fuera una resistencia.

En el segundo cuadro negro se repite el mismo escenario pero con menos vigor, el precio parece intentar reunirse en torno a las medias móviles pero al final el ciclo bajista se impone y el precio toca su mínimo. Las medias móviles en general y las exponenciales en particular son de gran utilidad en la operativa de los operadores, y si se integran en una estrategia más amplia, nos proporcionan importantes indicaciones sobre la posible tendencia futura del precio.

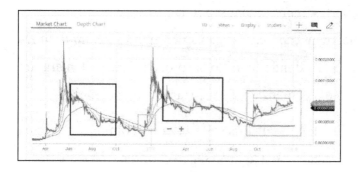

MACD

En los capítulos anteriores, comenzamos a introducir el uso de herramientas que nunca deberían faltar en la caja de herramientas de un trader. Este pequeño repaso cubrirá otra herramienta clave, el MACD ("Moving Average Convergence / Divergence").

El MACD es un indicador considerado extremadamente útil por muchos traders, que suelen integrarlo en su operativa, construido sustancialmente a partir de los datos extraídos de tres medias móviles exponenciales diferentes (a 9, 12 y 26 periodos.) Uno de los principales usos del MACD es trazar diferencias. Puesto que en el último capítulo dedicado al RSI tratamos las divergencias clásicas, en este apartado nos ocuparemos específicamente de la divergencia "oculta". La dinámica con la que se construye la divergencia es la misma que hemos visto anteriormente, por lo que también esta vez al unir los picos máximos (o mínimos) trazados en el gráfico de precios con una línea recta, notaremos anomalías (las divergencias en realidad) respecto a lo que notamos al trazar líneas que en cambio unen los picos construidos por el MACD. El MACD nos es útil porque nos permite obtener más información sobre la solidez de la señal de trading, cuando de hecho notamos la misma divergencia tanto en el RSI como en el MACD. Esto debe entenderse como una prueba adicional de la validez de la señal; el MACD nos da entonces otro punto de partida interesante, siendo de hecho representado gráficamente por la tendencia de dos curvas, que son sustancialmente dos medias móviles exponenciales diferentes (EMA) normalmente resaltadas con colores azules o negros (para la media móvil más lenta, a 26 períodos) y con color rojo (para la media móvil más rápida,

Así pues, cuando la media móvil más rápida corta al

alza, la más lenta tenemos una señal alcista, y cuando la media móvil más lenta es cortada a la baja por la más rápida, tenemos una señal bajista. En cualquier caso, como hemos hecho en los otros apartados, utilizamos una imagen para fijar los conceptos principales.

En esta ocasión tomamos dos fotografías del mercado, resaltándolas con rectángulos (verde y negro); en el primer caso (rectángulo verde) vemos una típica divergencia alcista oculta, y en el segundo caso (rectángulo negro) vemos siempre una típica divergencia oculta, pero esta vez bajista.

Como vemos, la dinámica es idéntica a la que hemos descrito en el apartado del RSI, pero esta vez en el triángulo verde vemos que no se marca un nuevo mínimo, y que el pico se detiene en un precio ligeramente superior al alcanzado en el mínimo anterior por lo que la línea que une los dos picos (de color azul) es ascendente. Encontramos nuestra bonita divergencia oculta uniendo los mínimos construidos por el MACD y obteniendo una nueva línea (también dibujada en azul) que en cambio se mueve en sentido contrario (descendente). El resultado final, independientemente de que la divergencia esté oculta o no, es el mismo: el precio comienza a subir y va a retestear el máximo alcanzado anteriormente.

En el rectángulo negro, en cambio, asistimos a un escenario bajista. Además, esta vez el segundo pico no logra superar al anterior, sino que se detiene un poco antes, tanto que la línea recta (azul) que trazamos uniendo los dos picos es descendente; en el MACD, encontramos nuestra divergencia oculta, uniendo los picos máximos. De hecho, nuestra línea azul habitual esta vez es ascendente.

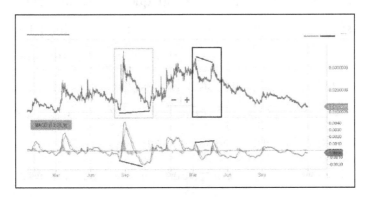

EL ANÁLISIS BÁSICO EN EL MERCADO DE LAS CRIPTODIVISAS

En los últimos capítulos, hemos presentado algunas herramientas que suelen considerarse esenciales para empezar a operar. También hemos explicado que todavía hay muchas otras herramientas importantes que hay que saber utilizar, más allá del alcance de este texto.

También hemos tenido la oportunidad de explicar que una estrategia de trading válida no tiene por qué ser extremadamente complicada, sino que puede ser extremadamente sencilla siempre que se base en reglas. Así pues, una estrategia de trading no se limita a las herramientas utilizadas para el análisis técnico, sino que también incluye todas aquellas reglas que el propio trader se impone con el objetivo de gestionar las presiones de la mejor manera posible.

Imaginemos que compramos unas monedas de las que no sabemos realmente nada basándonos en un simple análisis técnico a un precio de 10 dólares, y nos encontramos 24 horas después con las mismas monedas que han bajado a 8 dólares ¿Cómo gestionaríamos la pérdida? Lo que ocurriría es que la duda de haber invertido en un proyecto moribundo e inútil o en el inevitable paquete de siempre se convertiría en un gusano agotador que nos empujaría a vender; quizás en medio de un vertedero, quizás al menor precio posible (con el mayor daño posible).

Si, por el contrario, habíamos comprado unas monedas que conocemos bien, habiendo analizado con detalle el proyecto en el que invertimos nuestro dinero, entonces soportar un desplome de 10 a 8 dólares se hace más fácil. Por muy bueno que sea un trader en el análisis técnico, sin el análisis fundamental se hace difícil operar con criptodivisas. Ya hemos tenido la oportunidad de explicar que en el mercado de valores, el análisis fundamental puede entenderse como la recopilación de información mediante la lectura de los estados financieros de la empresa, pero es una pena que cuando hablamos de criptodivisas la mayoría de las veces no haya ninguna empresa, y mucho menos un presupuesto.

No obstante, hay factores que podemos tener en cuenta, como la capitalización del mercado (market cap.) Con la capitalización de una criptodivisa nos referimos simplemente a la cantidad total que obtenemos al multiplicar el número de monedas en circulación por el valor de las mismas. Otra evaluación que debemos hacer en este sentido es entonces distinguir la oferta máxima (21 millones de monedas, por ejemplo, si hablamos de BTC) de la disponible (en circulación.) Hoy en día, hay alrededor de 17,5 millones de BTC en circulación, frente a un número máximo de monedas que acabarán en el mercado igual a 21 millones.

La cantidad de monedas en circulación, en relación con el número máximo de monedas que la red ha presupuestado, es uno de los factores que debemos estudiar para una nueva criptodivisa. Para un verdadero análisis fundamental, deberíamos ser capaces de desmontar el código de la plataforma de código abierto y entender cómo está hecho, cómo funciona y, sobre todo, si está bien hecho. No hay mucha gente que tenga las habilidades para hacer un verdadero análisis fundamental de un proyecto de blockchain, que sepa "desmontar" la plataforma y entender cómo funciona. La gente corriente, que no tiene grandes conocimientos informáticos, tiene por tanto otras formas de intentar entender si podemos confiar o no.

De hecho, lo primero que todo comerciante de criptodivisas quiere saber a la hora de invertir su dinero es sobre la comunidad (los nodos y usuarios de la red) y la identidad de las personas involucradas en el desarrollo del proyecto. Cuando estamos ante una moneda que es gastada por miles de personas cada día y procesada por su propia blockchain a través de una red de nodos suficientemente grande y descentralizada, ya estamos medianamente seguros de que estamos ante un buen material de partida.

Pero hay otros detalles que nos interesa conocer, sobre todo en relación con el equipo de desarrolladores que se encarga de llevar a cabo el proyecto. Cada criptodivisa debe tener su propia web oficial, y dentro de la web oficial debe haber necesariamente una sección en la que se mencionen las figuras más destacadas dentro de la comunidad. Si hay una empresa o una organización sin ánimo de lucro detrás de un proyecto, también deben indicarse figuras como el director general, los jefes de departamento y otros ejecutivos.

Si, por el contrario, detrás de un proyecto no hay ni

una empresa ni una fundación, entonces en la página web debe haber un fragmento de la sección "sobre nosotros" en la que se menciona a los promotores. Lo que tenemos que entender es quiénes son las personas más expuestas en el proyecto: si son gente seria, si están establecidos, estimados o no. En resumen, cuanto más sepamos, mejor.

Por supuesto, incluso el proyecto liderado por una persona buena, brillante y capaz puede acabar naufragando, e incluso gente "famosa" puede tirarte un paquete. Pero en general, la calidad de cualquier proyecto está siempre estrechamente ligada a la calidad de las personas que se encargan de él. Si tenemos una red descentralizada digna de ese nombre, con miles de usuarios que gastan esa criptodivisa cada día, un equipo de desarrolladores conocido y respetado internacionalmente, tenemos toda una serie de señales que son muy útiles para construir esa imprescindible relación de confianza.

Sin embargo, todo esto no es suficiente. Es necesario conocer el proyecto más a fondo, entender cómo funciona y qué tipo de oportunidades es capaz de ofrecer. Para ello, hay que empezar por leer un documento ("withe paper") que todos los equipos difunden y actualizan periódicamente, en el que se debe informar de todas las características y peculiaridades del proyecto, y se debe describir con detalle el funcionamiento de la tecnología.

Los "withe papers" deben entenderse más como folletos publicitarios que como documentos informativos (al fin y al cabo, a nadie se le ocurriría poner por escrito que su proyecto no sirve, no funciona o no tiene futuro). De su lectura aún podemos obtener información útil; si una determinada moneda, por ejemplo, utiliza un protocolo de consenso que ya conozco y en el que no confío, entonces tendrá poco sentido invertir en esa criptodivisa.

Si descubro que la ambición de esa nueva moneda en la que quiero invertir es simplemente ser otro sistema de pago basado en blockchain, probablemente pensaré que hay monedas más antiguas y fiables a las que echar un ojo, y que no me interesa invertir mi dinero en lo que parece ser solo la millonésima copia de una verdadera innovación.

Si nuevamente descubro que la plataforma en la que quiero invertir, que sobre el papel ofrece decenas de servicios muy interesantes (desde la creación de nuevos tokens hasta la gestión de smart contract,) está todavía muy por detrás de las otras plataformas que presiden el mismo segmento del mercado, entonces probablemente me inclinaré por querer esperar un poco más antes de invertir. En base a toda esta información que recopilamos y a las diferentes valoraciones que cada vez se derivan directamente de cada una de las diferentes informaciones recogidas, desarrollamos nuestra convicción sobre un determinado proyecto, definimos en qué monedas confiamos más y en cuáles menos, con cuáles nos sentimos cómodos operando y con cuáles preferimos no tratar.

De las ochocientas y pico criptodivisas disponibles en el mercado (sin contar los tokens), bastará con aislar veinte de las que más nos gusten y concentrarnos en buscar nuestras señales de trading solo para esas veinte, Así y todo, debemos entender que el análisis fundamental es algo que hay que realizar a diario, e incluye toda la actividad de recopilación de información y noticias que tenemos que hacer prácticamente a diario.

Dado que las noticias mueven el mercado, llegar el primero a las noticias significa tomar ventaja sobre el resto de los operadores; para ello, hay una serie de operaciones muy útiles a realizar, como seguir las cuentas de los promotores en las redes sociales, suscribirse a los boletines oficiales, al canal de telegram, participar en los debates de los foros donde se reúne la comunidad. Se trata, en definitiva, de abrir y sondear con frecuencia cualquier canal que pueda proporcionarnos noticias antes que otros operadores.

Una vez que hayamos definido un grupo de criptodivisas en las que confiemos, estudiado sus gráficos, recopilado información sobre la tecnología y las personas que lideran el proyecto, y estemos preparados para interceptar cualquier novedad y tener nuestra propia estrategia de trading formada por reglas precisas, entonces tendremos todas las herramientas que nos permitan operar con criptodivisas de forma rentable.

6.

PERSPECTIVAS DE MERCADO - VISIONES DE FUTURO

Aunque el reciente ciclo bajista ha quemado en los últimos 12 meses gran parte de las subidas recibidas por todo el sector, las perspectivas para el mundo de las criptodivisas en 2021 y para los años siguientes parecen decididamente halagüeñas. Contrariamente a lo que algunos podrían argumentar, ya existen numerosos casos de uso para esta tecnología; los beneficios para la comunidad son indiscutibles, y sería simplemente una locura pensar que todo esto puede volver al cilindro del mago y simplemente desaparecer en la nada.

Por otro lado, los propios bancos no ocultan su deseo de explorar el potencial que ofrece la cadena de bloques, ya que cada vez está más claro que el mercado de las criptodivisas ha llegado para quedarse.

Paradójicamente, no hace ni un par de días leía un artículo más en un conocido periódico económico en el que otro observador de turno comparaba por enésima vez las criptodivisas con la famosa burbuja de los tulipanes de 1636; todo esto parece ridículo, y no basta con superponer un par de gráficos para salir del bochorno que supone inevitablemente hacer una afirmación tan absurda.

Las burbujas, propiamente dichas, se forman en un periodo de tiempo razonablemente corto, explotan con la misma rapidez y luego no vuelven a formarse. Podemos notar ese comportamiento en monedas como BTC (u otras, entre las de mayor capitalización bursátil) solo si aceptamos aislar lo que ha ocurrido en los últimos 15 meses e ignorar todo lo demás.

En cambio, si el mercado demostrara ser capaz de reaccionar como lo hizo en el pasado, no solo las principales monedas parecen destinadas a recuperar las pérdidas acumuladas en 2018, sino que incluso parece plausible que puedan alcanzar nuevos máximos históricos. Lo que realmente debemos preguntarnos cuando decidimos que nos puede interesar invertir en criptodivisas es si pensamos que la tecnología blockchain puede ganar cada vez más espacio en los próximos años o no. Si nos detenemos por un momento a pensar en cómo será el mundo dentro de 10, 15 o 20 años, entonces resulta difícil asumir que las tecnologías blockchain y DLT puedan simplemente desaparecer de la circulación. Estas innovaciones ya reúnen todas las características necesarias para hacernos entender que no están destinadas a desaparecer en absoluto, sino que acabarán por establecerse a largo plazo. Si pensamos en otras tecnologías del pasado que han acabado revolucionando nuestro presente, nos damos cuenta de hasta qué punto el tiempo juega un papel crucial cuando hablamos de estos temas; el inventor de las impresoras 3D, por ejemplo, tuvo inicialmente dificultades para encontrar a alguien interesado en esa tecnología, ya que todo parecía costar demasiado y tener pocas aplicaciones prácticas

Hoy, sin embargo, las impresoras 3D han revolucionado enormemente el mundo de la producción industrial. Los mismos coches eléctricos que durante mucho tiempo han sido tachados de capricho de ricos, considerados comúnmente durante muchos años como demasiado caros y difíciles de recargar para que se extendieran en el mercado, hoy son señalados por todos como el futuro del transporte.

Todo esto parece destinado a repetirse con las criptodivisas, una tecnología ampliamente despreciada por muchos "expertos" de turno que no parecen ser capaces de entender del todo el alcance revolucionario que una tecnología como el blockchain lleva consigo. Así, hablando con el detractor de turno, lo que notaremos es que nuestro querido amigo se "pegará" inevitablemente a los gráficos para demostrar que la caída del precio es tan importante que decreta automáticamente la muerte del mercado; no oirán razones, no aceptarán explicaciones, mostrarán con absoluta certeza todos los rasgos más inquietantes del BTCchart, resaltando hasta la más mínima señal bajista para llevarla a buen puerto.

Lo que esta gente no ha entendido es que, normalmente, a los que operan con criptodivisas no les importa el precio en un momento X. Hubo un momento, por ejemplo, en el que BTC se desplomó hasta los 2 dólares después de alcanzar los 32. Desafío a cualquiera hoy a que no desee haber comprado aunque sea una docena de monedas al precio de 32 dólares; ciertamente, los que compraron en ese pico tuvieron meses muy estresantes después, durante los cuales acumularon dolorosas pérdidas, pero los que aceptaron jugar el juego en una perspectiva a largo plazo pudieron posteriormente llevarse una gran satisfacción.

El precio, cuando hablamos de criptodivisas, no se considera relevante en comparación con el precio que veremos dentro de tres años. Ya que lo que marca la diferencia con las criptodivisas es, en primer lugar, la adopción; es decir, todo depende de cuántas personas acepten utilizar esta tecnología. La pregunta que debemos hacernos antes que cualquier otra es si dentro de cinco años el número de personas que usen BTC aumentará o disminuirá. Según lo que hemos visto en los últimos diez años, la respuesta a esta pregunta parece claramente que el número de usuarios está destinado a aumentar. Muchas de las personas que conozco podrían perfectamente empezar a utilizar esta tecnología en los próximos diez años.

Todo esto no significa, por supuesto, que no se produzcan nuevos colapsos, con monedas que hoy tienen una importante capitalización y que en cambio podrían en pocos años desaparecer completamente del mercado. Pero es infundado pensar que todo el mercado desaparecerá. Si nos fijamos en el número de usuarios, lo que entendemos es que la carrera de los últimos años, que ha hecho volar a BTC en su precio, parece ser un pequeño aperitivo en consideración al todavía pequeño número de personas que utilizan esta tecnología.

7.

HERRAMIENTAS Y CONSEJOS

S er un apasionado de las criptodivisas, independientemente de que decidas hacer también trading, implica que tienes que empezar a informarte asiduamente de las cosas que pasan en este mundo. En cualquier sector, informarse ya se ha convertido en una actividad exigente; en el sector de las criptodivisas, recopilar noticias puede llegar a ser agotador.

Cada día nacen nuevos proyectos, surgen nuevas soluciones a viejos problemas y se difunden noticias que necesariamente debemos seguir para informarnos adecuadamente. Por eso debemos tener claros los puntos de referencia. En primer lugar, debemos hacernos a la idea de que los grandes periódicos (denominados mainstream) no son la mejor fuente para estar informados cuando se trata de criptodivisas; muy a menudo, de hecho, quienes escriben en los grandes periódicos lo hacen "por contrato", son invitados a escribir sobre un tema en boga para satisfacer la demanda de los usuarios sin poseer una formación para escribir sobre ese tema determinado.

De ahí que en los grandes periódicos veamos a menudo errores garrafales. Con el tiempo, afortunadamente, se han creado numerosos sitios y blogs de carácter informativo/popular que tratan exclusivamente sobre criptodivisas y cuentan con escritores expertos en la materia.

Para ser justo, prefiero evitar mencionar estos sitios; cualquiera puede hacer fácilmente una búsqueda en línea y seleccionar esos cuatro o cinco sitios, comúnmente considerados creíbles por toda la comunidad, a través de los cuales obtener información. Al fin y al cabo, una persona a la que le gusta el fútbol compra un periódico deportivo para informarse, no uno que trate sobre política y noticias. Igualmente, si quiere informarse seriamente sobre las criptodivisas, no debe leer los periódicos económicos, sino recurrir a sitios especializados que llevan años tratando este tema y que cuentan con la colaboración de personas que han estudiado esta tecnología.

De todos modos, el principal punto de referencia para la comunidad que trabaja con criptodivisas es el foro Bitcointalk, en el que se puede encontrar todo tipo de información y una solución a cualquier tipo de problema. La comunidad es siempre muy proactiva y está atenta a ayudar a los usuarios novatos, siempre y cuando, por supuesto, los novatos demuestren su compromiso, buscando activamente la información que necesitan, evitando la famosa comida preparada.

Para informarse sobre las monedas y tokens en el mercado, conocer las direcciones de las webs oficiales, información sobre la oferta y sobre los exchanges que permiten operar con una determinada moneda, el punto de referencia para toda la comunidad es Coinmarketcap. Para informarse de las novedades técnicas, de los nuevos lanzamientos previstos, de los desarrollos técnicos recientes, de las posibles bifurcaciones (hard forks) previstas y de cualquier otra información puramente técnica, es muy habitual utilizar un sitio llamado Coinmarketcal, muy apreciado por los traders.

Sitios como Reddit siguen siendo muy populares entre los entusiastas de las criptodivisas, y cada proyecto suele tener su propia página en este sitio. Luego están, obviamente, los boletines de noticias y los canales de comunicación oficiales de las distintas monedas. Las redes sociales también son importantes, por lo que además de seguir las cuentas oficiales de los distintos proyectos también debemos empezar a seguir a los desarrolladores individuales que a menudo tienen la oportunidad de compartir verdaderas joyas a través de las redes sociales; además, hoy en día se ha vuelto muy común que los traders compartan sus operaciones a través de las redes sociales.El consejo, por lo tanto, especialmente para aquellos que quieren operar, es seleccionar un grupo de traders de confianza (en base a la calidad de los análisis que son capaces de producir) y seguirlos en las distintas redes sociales, tratando de entender su estrategia de trading. Asumiendo todos estos pequeños hábitos, poco a poco empezaremos a orientarnos encontrando figuras que representen un punto de referencia para nosotros, de las que tengamos plena confianza, y que nos permitan optimizar el poco tiempo del que disponemos para poder informarnos.

CONCLUSIÓN

Hemos llegado al final de nuestro viaje en el mundo de la tecnología blockchain, y es hora de resumir este camino. Obviamente, la lectura de un texto de este tipo no es suficiente para construir un conocimiento profundo de este tipo de tecnología, pero aún así debería permitir a cualquier persona, independientemente de sus conocimientos técnicos, iniciar un camino de mayor comprensión sobre los fundamentos del comercio de criptodivisas.

El hecho de conocer brevemente el funcionamiento de la tecnología blockchain no significa conocer el mercado. Frecuentemente oirás que todas las "altcoins" no son más que clones de BTC, pero esto no es así en absoluto, y para conocer una criptodivisa concreta debes estudiarla primero.

Como los protocolos de consenso son diferentes, los algoritmos de hash son diferentes, y las características de la red son diferentes, en consecuencia es inevitable

104

que cada proyecto acabe teniendo peculiaridades únicas. Por tanto, para poder decir que se entiende realmente el blockchain, es inevitable que se tenga que dedicar algún tiempo a un estudio en profundidad de las principales criptodivisas del mercado. En cualquier caso, este tiempo no será perdido, ya que en los próximos años esta tecnología probablemente tendrá un fuerte impacto en nuestra vida cotidiana, rediseñando el mundo tal y como lo conocemos, como el nacimiento de Internet en la década de 1990.

Por lo tanto, cualquiera que se haya encontrado alguna vez pensando con pesar en el nacimiento de internet, lamentando no haber sido capaz de aprovechar inmediatamente las oportunidades que esta nueva tecnología ofrecía, no puede permitirse el lujo de volver a perder este tren o se encontrará lamentándolo amargamente en los próximos años. El que una oportunidad así pueda volver en tan poco tiempo después de la gran revolución de Internet, francamente, debe entenderse como algo más que raro: una coincidencia que solo muy raramente hemos visto suceder en el curso de la historia de la humanidad.

Es cierto que el desarrollo tecnológico se ha vuelto ahora exponencial. También es cierto que la tecnología avanza mucho más rápido de lo que podemos hacerlo los seres humanos, pero en la actualidad quizá solo haya un área posible que pueda resultar capaz de impactar tan fuertemente en nuestra vida cotidiana, y está representada por la genética.

Con otras palabras, lo que sostengo es que no es seguro que en los próximos 50 años reaparezca la posibilidad de "montar" una nueva tecnología que ha sido tan relevante desde sus inicios. Ya es extraordinario que una misma generación haya tenido la oportunidad de vivir dos momentos tan trascendentales. Es difícil imaginar que en los próximos años todavía haya una tercera oportunidad en este sentido.

El reto, en este momento, consiste más que nada en la forma que seremos capaces de dar a esta nueva revolución tecnológica. Si somos capaces de utilizar este tipo de tecnología para hacer del mundo un lugar mejor, o si, aun a costa de la propia tecnología, seguiremos repitiendo los mismos errores una y otra vez. En cualquier caso, todo esto depende estrictamente de nosotros y de las decisiones que tomemos (como pueblo, como ciudadanos) en los próximos años.

La aceptación, como desgraciadamente parece estar siendo muy común, de perder nuestro derecho a la intimidad sacrificándolo en el altar de la seguridad y la legalidad, a la larga podría resultar una mala elección capaz de generar una serie de efectos extremadamente nocivos. Con consecuencias difíciles de imaginar hoy en día; lo que sucederá, si tenemos el valor de utilizar esta tecnología para poner a las personas y a los individuos en el centro del mundo, en lugar de limitarnos a ponerlos bajo control permanente solo el tiempo nos lo dirá.